Made in the USA
Monee, IL
04 December 2021

83854961R00069